1
어휘력 짱

미리 떼, 속담! 아라찌?

1 어휘력 짱

초등학생 때 미리 떼는
필수 속담, 아라찌?
→ → →

김경남 글
Terapin · 임유영 일러스트

READY?

너와숲

프롤로그

아라찌와 함께 속담을 배우면, 오늘부터 내가 어휘력 짱!

속담은 예로부터 민간에 전하여 오는 쉬운 격언이나 잠언을 말합니다.

속담은 생활 속에서 발생할 수 있는 여러 가지 상황을 짧은 문장으로 비판하고, 풍자하며, 교훈을 주기도 하고 해학과 웃음을 선사하기도 한답니다. 그래서 속담을 알면 우리의 문화와 풍습을 자연스럽게 배우게 되지요.

속담은 과거에만 머물러 있지 않습니다. 현대를 사는 우리의 일상에서도 속담은 유용하게 사용됩니다. 신문 기사, 뉴스 보도, 일상의 대화에서 속담은 여전히 살아 숨 쉬고 있습니다.

속담은, 당장 학교에서 배우는 교과서, 과제물, 선생님 수업에도 자주 등장합니다.

교과서에 수록된 문학 작품 속에서 만나기도 하고, 글머리 쓰기에서 '속담으로 시작하는 방법'을 배우기도 하지요. 그리고 제일 중요한 점! 학교 시험에서 만나기도 합니다. 시험에서 만나는 건 싫지만, 자주 만나는 편이니 한번 잘 알아두면, 시험 대비에 좋겠죠?^^

≪미리떼 우리말 속담! 아라찌?(어휘력 짱)≫은 초등 교과서부터 고교 교과서에 이르기까지 꼭 필요한 속담만을 엄선하여 주제별로 엮었습니다. 삶에 관한 속담, 사람의 마음에 관한 속담, 말에 관한 속담, 사자성어와 함께 배우는 속담, 멍멍이와 연관된 속담 등으로 구성되어 있어요.

PROLOGUE

≪미리떼 우리말 속담! 아라찌?(어휘력 짱)≫은 속담이 나오게 된 유래, 어휘의 의미, 실생활에서 사용되는 용례 등을 쉽고 친절하게 알려 줄 거예요.

또한 주제별로 배운 속담들은 가로세로 퀴즈와 용례를 통해 풀어보는 코너도 있어서 이 코너까지 완성하면, 속담은 완전히 나의 것이 되어 학습과 실생활에서 유용하게 적용할 수 있어요.

핵심을 찌르는 짧은 문장으로 사람을 마음을 표현하고, 또 움직이게 하는 속담! 미리 알아두면 참 좋지요. 한마디로 아라찌가 알려주는 대로만 따라가다 보면 우리말 속담의 고수는 문제 없답니다!

차례 ↓

Chapter 1.
삶의 어려움

가난 구제는 나라도 못 한다 12

가난한 집 제사 돌아오듯 한다 14

가자니 태산이요, 돌아서자니 숭산이라 16

가혹한 정치는 호랑이보다 사납다 18

봉사 문고리 잡기 20

산 넘어 산이다 22

서 발 막대 거칠 것 없다 24

아랫돌 빼어 웃돌 괴기 26

Chapter 2.
인간의 마음 보따리

간에 붙었다 쓸개에 붙었다 한다 32

광에서 인심 난다 34

나는 바담 풍 해도 너는 바람 풍 해라 36

남의 잔치에 감 놓아라 배 놓아라 한다 38

도둑이 제 발 저리다 40

말 타면 경마 잡히고 싶다 42

모로 가도 서울만 가면 된다 44

못 먹는 감 찔러나 본다 46

믿는 도끼에 발등 찍힌다 48

방귀 뀐 놈이 성낸다 50

사촌이 땅을 사면 배가 아프다 52

애호박에 말뚝 박기 54

염불에는 마음이 없고 잿밥에만 마음이 있다 56

행랑 빌면 안방까지 든다 58

Chapter 3.
말, 말, 말

가는 말이 고와야 오는 말이 곱다 64

가루는 칠수록 고와지고 말은 할수록 거칠어진다 66

같은 말이라도 아 다르고 어 다르다 68

고기는 씹어야 맛이요, 말은 해야 맛이다 70

낮말은 새가 듣고 밤말은 쥐가 듣는다 72

말 한 마디에 천 냥 빚도 갚는다 74

발 없는 말이 천 리 간다 76

입은 삐뚤어져도 말은 바로 해라 78

차례

Chapter 4.
삶에 도움이 되는 교훈

가는 방망이, 오는 홍두깨　84

개구리도 움츠려야 뛴다　86

구관이 명관이다　88

구슬이 서 말이라도 꿰어야 보배라　90

먼 사촌보다 가까운 이웃이 낫다　92

백지장도 맞들면 낫다　94

비 온 뒤에 땅이 굳어진다　96

사공이 많으면 배가 산으로 올라간다　98

쏘아 놓은 살이요, 엎질러진 물이다　100

우선 먹기는 곶감이 달다　102

한 번 실수는 병가지상사　104

호미로 막을 것을 가래로 막는다　106

Chapter 5.
한자성어와 함께

가재는 게 편이요 초록은 한빛이라 112

까마귀 날자 배 떨어진다 114

달걀에도 뼈가 있다 116

등잔 밑이 어둡다 118

소 잃고 외양간 고친다 120

열흘 붉은 꽃이 없다 122

왼손뼉이 못 울고 한 다리로 못 간다 124

우물 안 개구리 126

제 논에 물 대기 128

호랑이 없는 골에 토끼가 왕 노릇 한다 130

Chapter 6.
멍멍이와 함께

개같이 벌어서 정승같이 쓴다 136

개 꼬리 삼 년 두어도 황모 되지 않는다 138

개똥도 약에 쓰려면 없다 140

개똥밭에 굴러도 이승이 낫다 142

개 머루 먹듯 144

개 발에 편자 146

개와 원숭이 사이다 148

겨 묻은 개가 똥 묻은 개 나무란다 150

길러 준 개 주인 문다 152

닭 쫓던 개 지붕 쳐다보듯 154

서당 개 삼 년이면 풍월을 읊는다 156

정승이 죽으면 문상객이 없어도 정승 댁 개가 죽으면 문상하러 오는 사람이 있다 158

제 버릇 개 줄까 160

하룻강아지 범 무서운 줄 모른다 162

Chapter 1.

삶의 어려움

가난 구제는 나라도 못 한다
가난한 집 제사 돌아오듯 한다
가자니 태산이요, 돌아서자니 숭산이라
가혹한 정치는 호랑이보다 사납다
봉사 문고리 잡기
산 넘어 산이다
서 발 막대 거칠 것 없다
아랫돌 빼어 웃돌 괴기

 ## 삶의 어려움

 너무 가난해서 형편이 나아질 희망이 보이지 않거나 고생이 점점 심해진다면 마음이 무척 힘들어 지겠죠? 이번에는 '삶의 어려움'과 관련된 속담을 배워 봅시다.

READY?

01 가난 구제는 나라도 못 한다

가난한 사람은 도와주어도 끝이 없다는 의미로, 스스로 노력해서 일을 해야지 남의 도움은 소용이 없다는 말.

"만약 가난한 사람을 나라에서 전부 도와줬다면,"

"세상에는 가난한 사람이 없어야 하겠죠. 하지만 현실은 그렇지 않아요."

"그래도 희망을 버리지 말고 서로 힘을 합해 봐요."

"우리나라도 어려운 사람들을 위해 여러 방면으로 복지 정책을 펼치지만, 여전히 결식아동이 존재하고 있어요. 그래서 '가난 구제는 나라도 못 한다'라고 했나 봐요."

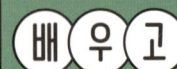 # 삶의 어려움

• • •

READY? → → →

02 가난한 집 제사 돌아오듯 한다

→ → 힘든 일이 자주 닥쳐옴을 일컫는 말.

비슷한 사자성어 · **설상가상** 雪上加霜

"삼국시대부터 우리나라는 사람이 지켜야 할 도리를 가르치는 유교 사상이 나라 전체에 퍼졌어요."

"나라에 대한 충성과 부모에 대한 효도를 중시하기 때문에 조상에 대한 제사도 거하게 지냈죠."

"제사는 안 지내고 제사 음식만 먹으면 안 되나요?"

"그런데 제사 지낼 형편이 안 되는 가난한 집안은 제사가 돌아올 때마다 얼마나 힘들었겠어요. 이처럼 세상을 살다 보면 괴롭고 힘든 일을 자주 만나게 돼요. 이러한 상황을 '가난한 집 제사 돌아오듯 한다'라고 말해요."

삶의 어려움

 ## 삶의 어려움

● ● ●

READY?

03 가자니 태산이요, 돌아서자니 숭산이라

앞으로 가지도 못하고 뒤로 돌아갈 수도 없는 난처한 지경에 빠졌다는 말.

비슷한 사자성어 진퇴양난 進退兩難

'태산(泰山)'에서 '태(泰)'는 '크다'라는 의미이고,

'숭산(嵩山)'에서 '숭(嵩)'은 '높다'라는 의미예요.

숙제를 안 하고 학교에 가자니 선생님께 혼날 것 같고, 학교를 안 가자니 엄마한테 혼날 것 같고. 뭐 이런 상황 같은 거네요.

즉, 앞에도 높은 산이 있고, 뒤에도 높은 산이 있어 앞으로 나아가지도 못하고, 뒤로 물러설 수도 없는 난처한 상황에 빠졌다는 의미죠.

배우고 삶의 어려움

READY? → → →

04 가혹한 정치는 호랑이보다 사납다

→ → 잘못된 정치는 국민들에게 있어 호랑이에게 잡아먹히는 것보다 더 무섭게 느껴진다는 말.

비슷한 한자성어 가정맹어호 苛政猛於虎

"호랑이는 무섭지만 혹독한 세금과 못된 벼슬아치가 없어 산속에 산다는 여인의 말에"

"노나라 공자는 '가혹한 정치는 호랑이보다 사납다'라고 말했어요."

"그만큼 혹독한 정치가 국민들에게는 호랑이보다 더 무섭다는 의미겠지요. 옛날이나 지금이나 나라를 다스리는 사람들은 이 속담을 교훈 삼으면 좋겠네요."

"세종대왕의 백성 사랑하는 마음을 본받으면 좋을 텐데…."

 # 삶의 어려움

● ● ●

READY? → → →

05 봉사 문고리 잡기

→ → 눈먼 장님이 문고리를 잡기 어렵듯이 몹시 하기 어려운 일을 우연한 기회에 잘했을 경우를 이르는 말.

비슷한 속담 소경 문고리 잡듯, 장님 문고리 잡기

> 눈먼 사람이 문고리를 잡기란 쉽지 않은 일이죠.

> 해내기 몹시 어려운 일을 '봉사 문고리 잡기'라고 하는데요.

> 나도 요행수로 시험 잘 보고 싶다. 진심!

> 눈먼 사람이 운 좋게 문고리를 잡았다는 뜻으로, 어쩌다가 요행수로 좋은 결과를 얻은 경우에도 이 속담을 사용해요.

배우고 삶의 어려움

READY?

06 산 넘어 산이다

갈수록 점점 더 어렵고, 고생이 심해짐을 일컫는 말.

비슷한 속담 갈수록 태산

"등산을 해 본 사람은 다 알 거예요. 간신히 큰 산 하나를 넘었는데,"

"또 다른 산봉우리를 만나면 '이걸 또 언제 넘나.' 하는 생각이 들죠."

"전 산 넘어 산 싫어요. 꽃길만 걷고 싶어요."

"이처럼 인생을 살다 보면 힘든 일이 연이어 생기기도 하지요. 그럴 때 '산 넘어 산이다'라고 말해요."

 삶의 어려움

READY? → → →

야 서 발 막대 거칠 것 없다

→ → 서 발이나 되는 긴 막대를 휘둘러도 아무것도 거치거나 걸릴 것이 없다는 뜻으로, 가난한 집이라 세간이 아무것도 없다는 말.

비슷한 사자성어 **삼순구식**三旬九食

'서 발 막대'는 매우 긴 나무나 나뭇가지, 즉 '장대'를 말해요.

이런 장대로 집 안 이곳저곳을 휘둘렀는데,

서 발 막대 거칠 것이 있는 게 좋은 거네요.

깨어지고 떨어질 것들이 없다는 뜻이니 그만큼 살림살이가 없어 가난하다는 의미죠.

배우고 — 삶의 어려움

READY?

08 아랫돌 빼어 웃돌 괴기

당장 급한 것을 막기 위해 임시로 조치를 취하듯 이리저리 둘러맞춘다는 말.

비슷한 사자성어
하석상대 下石上臺
임시방편 臨時方便
임시변통 臨時變通

비슷한 속담 언 발에 오줌 누기

'괴다'는 기울어지거나 쓰러지지 않도록 아래를 받쳐 괴어 놓는다는 의미예요.

그런데 위에 있는 돌을 안정시키기 위해 아랫돌을 뺀다면 어떻게 될까요? 얼마 가지 않아 아랫돌이 기울어지거나 쓰러지겠죠? 그러니 '아랫돌 빼어 웃돌 괴기'는 임시방편에 불과하답니다.

근본적인 문제 해결이 아니라는 말이죠. 나 엄청나게 똑똑한 것 같아.

삶의 어려움

 **익히고** # 삶의 어려움

다음 가로 길잡이와 세로 길잡이를 읽고, 낱말 퍼즐을 완성해 보세요.

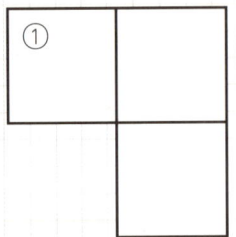
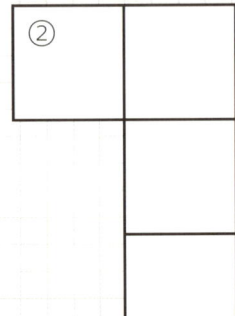
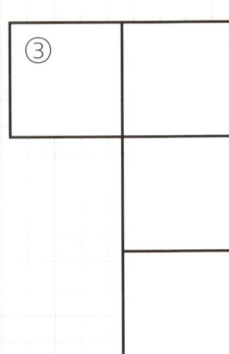

가로 길잡이

① 가난 ○○는 나라도 못 한다
　HINT 자연적인 재해나 사회적인 피해를 당해 어려운 처지에 있는 사람을 도움.
② ○○ 문고리 잡기
　HINT 시각 장애인을 낮잡아 이르는 말.
③ 가자니 ○○이요 돌아서자니 숭산이라
　HINT 크고 높은 산.

세로 길잡이

① 가난한 집 ○○ 돌아오듯 한다
　HINT 신령이나 죽은 사람의 넋에게 음식을 바치어 정성을 나타냄. 또는 그런 의식.
② 가혹한 정치는 호랑이보다 ○○○.
　HINT 성질이나 행동이 모질고 억세다.
③ 산 넘어 ○○○
　HINT 평지보다 높이 솟아 있는 땅의 부분이다.

다음에 사용된 속담의 용례를 보고, 빈칸에 들어갈 낱말을 채워 보세요.

1 _____ 거칠 것 없이 휑한 집안 꼴을 휘둘러보며 그들이 빈정댈 만도 했다.
HINT 매우 긴 나무, 장대.

2 소비를 절제하지 못해 _____ 빼어 웃돌 괴기하듯 카드 돌려막기로 연명하는 사람들이 많아졌다.
HINT 아래에 있는 돌.

득달 괴기 정답 ① 태자 ② 동사 ③ 소대
채움 정답 ① 쟤자 ② 사다리 ③ 소이다
독담 용례 정답 ① 시 말 막대 ② 아랫돌

삶의 어려움

Chapter 2.

인간의 마음 보따리

간에 붙었다 쓸개에 붙었다 한다
광에서 인심 난다
나는 바담 풍 해도 너는 바람 풍 해라
남의 잔치에 감 놓아라 배 놓아라 한다
도둑이 제 발 저리다
말 타면 경마 잡히고 싶다
모로 가도 서울만 가면 된다
못 먹는 감 찔러나 본다
믿는 도끼에 발등 찍힌다
방귀 뀐 놈이 성낸다
사촌이 땅을 사면 배가 아프다
애호박에 말뚝 박기
염불에는 마음이 없고 잿밥에만 마음이 있다
행랑 빌면 안방까지 든다

인간의 마음 보따리

인간의 마음이란 욕심도 많고, 이기적이고, 자기 잘못을 인정하기 싫어하고, 참견도 잘하죠. 이번에는 '인간의 마음 보따리'와 관련된 속담을 배워 봅시다.

READY? → → →

01 간에 붙었다 쓸개에 붙었다 한다

→ → 제 이익을 위해서는 지조와 체면을 생각하지 않고 여기저기 아무에게나 아첨한다는 말.

> 간과 쓸개는 우리 몸의 소화를 돕는 중요한 기관이에요.

> 그런데 기생충이 우리 몸에 들어오면 영양분을 빨아 먹기 위해 간에 붙었다 쓸개에 붙었다 한대요.

> 한마디로 박쥐 같은 인간이네요. 새의 편에 섰다가 동물의 편에 섰다가 하는.

> 우리 주위에도 기생충처럼 자신의 이익을 위해 이쪽 편으로 왔다가 저쪽 편으로 갔다가 하는 사람들을 볼 수 있죠. 이처럼 지조 없는 사람들에게 '간에 붙었다 쓸개에 붙었다 한다'라고 말할 수 있어요.

 ## 인간의 마음 보따리

 ● ● ●

READY? → → →

02 광에서 인심 난다

→ → 자기의 살림이 넉넉하고 풍족해야 비로소 남의 처지를 동정하게 된다는 말.

'광'은 여러 가지 물건들을 넣어 두는 창고 같은 곳이죠.

살림이 넉넉한 집의 광에는 곡식도 잔뜩 쌓여있고, 금은보화도 가득해요.

남을 도우려면 일단 돈부터 모아야겠네요.

내 광이 채워져 있어 여유가 있을 때라야 다른 사람에게 인심을 베풀 수 있는 거잖아요. 내가 먹고살기 힘들면 남을 돌볼 여력도 없으니 '광에서 인심 난다'고 말한 거죠.

 ## 인간의 마음 보따리

READY?

03 나는 바람 풍 해도 너는 바람 풍 해라

자기는 잘못하면서도 남에게는 옳게 잘하라고 요구하는 말.

옛날에 한 서당의 훈장님이 '바람 풍(風)'을 가르치는데

자신은 혀가 짧아 '바담 풍'이라고 발음하며 가르쳐 놓고는

학생들이 '바담 풍'이라고 발음하는 걸 혼냈다는 이야기가 있어요. 이처럼 자기는 잘못된 행동을 하면서 정작 남에게는 잘하라고 하는 사람의 마음을 두고 한 말이죠.

정말 모순이네요. 우선은 자신부터 살피는 걸로.

 **배우고** ## 인간의 마음 보따리

● ● ●

READY? → → →

04 남의 잔치에 감 놓아라 배 놓아라 한다

→ → 남의 일에 공연히 간섭하고 참견하며 나서는 것을 비유하는 말.

혼례식과 같은 흥겨운 잔칫날,

고기는 저기에 놓아야 하고 과일은 여기에 놓아야 한다며 시시콜콜 간섭하는 사람에게 '남의 잔치에 감 놓아라 배 놓아라 한다'라고 말할 수 있죠.

이런 사람들에게 이렇게 말해 주고 싶어요. "너나 잘하세요."

배우고

인간의 마음 보따리

READY? →→→

05 도둑이 제 발 저리다

→→ 나쁜 짓을 하여 그것을 숨기려고 하지만, 지은 죄가 있어 마음이 조마조마해진다는 말.

한밤중에 남의 집에 들어가서 물건을 훔친 도둑은

얼마나 마음이 조마조마할까요?

애초에 나쁜 짓을 안 하면 되겠네요.

남의 물건을 훔쳐 켕기는 것이 있으니 발이 저릴 수밖에요. 그래서 죄지은 사람이 그것을 숨기려 하지만 숨길 수 없을 때 '도둑이 제 발 저리다'라고 말해요.

인간의 마음 보따리

●●●

READY?

06 말 타면 경마 잡히고 싶다

→ → 한 가지를 이루면 다음에는 더 큰 욕심을 낸다는 의미로, 사람의 욕심이란 끝이 없다는 말.

처음에는 말을 타는 것도 쉽지 않은데 인간이란 말을 타다 보면

경마, 즉 말을 타고 경주를 하고 싶은 마음이 생긴다는 것이죠.

우리 아빠가 부장으로 승진하시더니 본부장 되고 싶어 하는 거. 이게 바로 '말 타면 경마 잡히고 싶다'네요.

이처럼 인간은 한 가지를 이루면 다음에는 더 큰 욕심을 갖게 마련이에요. 이럴 때 '말 타면 경마 잡히고 싶다'라고 말하죠.

배우고 인간의 마음 보따리

READY?

07 모로 가도 서울만 가면 된다

수단과 방법을 가리지 않고 목적만 이루면 된다는 말.

'모로'는 부사로 '비켜서, 대각선으로' 혹은 '옆쪽으로'라는 두 가지 의미가 있어요.

그러니 '모로 가도 서울만 가면 된다'라는 말은 똑바로 가지 않더라도

수단과 방법을 가리지 않겠다는 건 나쁜 짓도 하겠다는 거잖아요. 이건 아니라고 봐요.

목적지인 서울만 가면 된다는 뜻으로, 수단과 방법을 가리지 않고 자신의 목적을 이루려 할 때 사용합니다.

배우고  인간의 마음 보따리

READY?

08 못 먹는 감 찔러나 본다

제 것으로 만들지 못할 바에야 남도 갖지 못하게 못 쓰게 만들자는 못된 심보를 이르는 말.

- 이 속담에서 '못 먹는 감'은 자신이 못 먹는 감을 말해요.
- 내가 못 먹으니 남도 못 먹게 하거나 가지지 못하게 하려는 거죠.
- 어디 가질 게 없어서 놀부의 심술보를 가질까요?
- 감나무에 달린 감을 찔러서 상처를 내면 감은 제대로 익지 않아요. 이처럼 놀부 심술보를 가진 사람들을 표현할 때 '못 먹는 감 찔러나 본다'라고 말할 수 있어요.

인간의 마음 보따리

READY? →→→

09 믿는 도끼에 발등 찍힌다

→→ 잘 되리라고 믿고 있던 일이 어긋나거나, 믿고 있던 사람이나 사물이 배반하여 오히려 화를 입게 된다는 말.

> 늘 사용하는 도끼라도 잘못 사용하면 발등을 찍힐 수 있죠.

> 예를 들어 볼까요?

> 맞아요. 우리 강아지도 나에게만 충성하는 줄 알았는데, 다른 사람들한테도 꼬리를 치더라고요.

> 나에게만 꼬리를 치던 강아지가 사촌 형이 주는 간식에 넘어가서 꼬리를 칠 경우 '믿는 도끼에 발등 찍힌다'라고 말할 수 있어요.

 # 인간의 마음 보따리

READY?

10 방귀 뀐 놈이 성낸다

자기가 방귀를 뀌고 오히려 남 보고 성낸다는 뜻으로, 잘못을 저지른 쪽에서 오히려 남에게 성냄을 비꼬는 말.

비슷한 사자성어 적반하장 賊反荷杖
비슷한 속담 똥 싸고 성낸다

이 속담에서 '방귀 뀐 놈'은 잘못을 한 사람을 비유한 말이고,

'성'은 '화'를 말하죠.

전 절대 방귀를 안 뀌죠.

그러니 잘못한 사람이 용서를 구하지는 못할망정 도리어 화를 낼 때, '방귀 뀐 놈이 성낸다'라고 말하죠.

 **인간의 마음 보따리**

READY?

13 염불에는 마음이 없고 잿밥에만 마음이 있다

마땅히 할 일에는 정성을 들이지 않고 딴 곳에 마음을 둔다는 말.

비슷한 사자성어 **본말전도** 本末顚倒

'염불'은 불경을 외는 것을 말하고 '잿밥'은 불공할 때 부처 앞에 놓는 밥을 말하죠.

스님이 입으로는 염불을 외지만, 실은 잿밥 먹는 데 더 마음을 둔다는 의미예요.

저랑은 아주 거리가 머네요. 저는 세뱃돈보다는 세배가 중요하거든요.

여러분도 세배하면서 어른들께 문안드리는 것보다 세뱃돈 받는 데 더 관심을 둔다면 '염불에는 마음이 없고 잿밥에만 마음이 있다'라는 말을 들을 수 있겠죠.

인간의 마음 보따리

READY? → → →

14 행랑 빌면 안방까지 든다

→ → 처음에는 소심하게 발을 들여놓다가 차차 대담해져 정도가 심한 일까지 한다는 말.

비슷한 속담 바늘 도둑이 소도둑 된다.

'행랑'은 '노비들이 지내는 방'을 말하고,

'안방'은 '안주인이 지내는 방'으로, 집 안의 방 중에서 중심이 되는 방이죠.

딱 내 동생이네요. 연필 하나만, 지우개 하나만 하더니 이제는 내 공부방까지 넘보고 있어요. ㅠㅠ

처음에는 행랑방을 빌려 살다가 나중에는 안방까지 넘본다는 것으로, 인간의 욕심이 끝이 없음을 보여 주고 있어요.

인간의 마음 보따리

다음 가로 길잡이와 세로 길잡이를 읽고, 낱말 퍼즐을 완성해 보세요. → → →

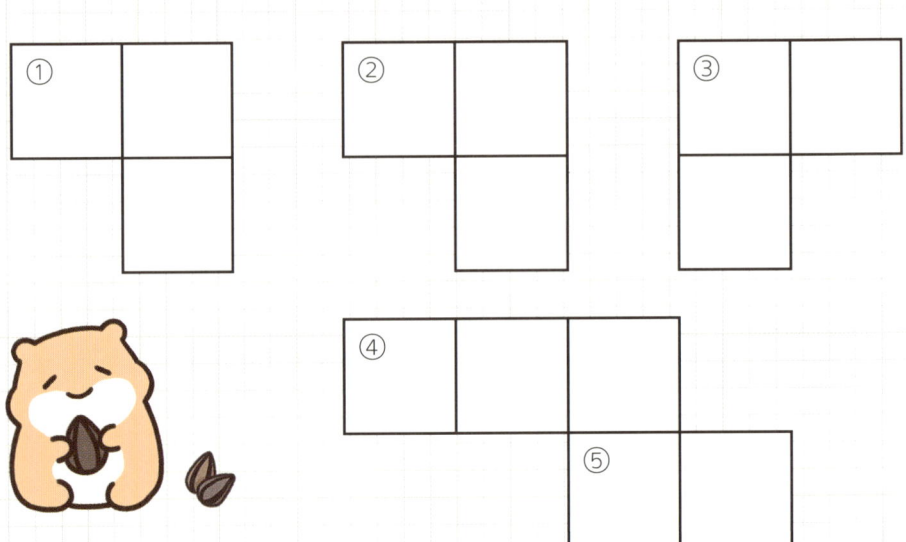

가로 길잡이

① 말 타면 ㅇㅇ 잡히고 싶다
   HINT 일정한 거리를 말을 타고 달려 빠르기를 겨루는 경기.

② 행랑 빌면 ㅇㅇ까지 든다
   HINT 안주인이 거처하는 방, 집 안채의 부엌에 딸린 방.

③ ㅇㅇ이 제 발 저리다
   HINT 남의 물건을 훔치거나 빼앗는 따위의 나쁜 짓. 또는 그런 짓을 하는 사람.

④ ㅇㅇㅇ에 말뚝 박기
   HINT 덜 자란 어린 호박.

⑤ ㅇㅇ이 땅을 사면 배가 아프다
   HINT 아버지의 친형제 자매의 아들이나 딸과의 촌수.

세로 길잡이

① 염불에는 ㅇㅇ이 없고 잿밥에만 ㅇㅇ이 있다
   HINT 사람이 본래부터 지닌 성격이나 품성.

② ㅇㅇ 뀐 놈이 성낸다
   HINT 음식물이 배 속에서 발효되는 과정에서 생기어 항문으로 나오는 구린내 나는 무색의 기체.

③ 믿는 ㅇㅇ에 발등 찍힌다
   HINT 나무를 찍거나 패는 연장의 하나.

다음에 사용된 속담의 용례를 보고, 빈칸에 들어갈 낱말을 채워 보세요.　→　→　→

① 어딜 가나 간에 붙었다 _____에 붙었다 하는 사람이 꼭 있다.
　HINT　간에서 분비된 쓸개즙을 저장하는 주머니.

② 마음대로 쓸 수 있는 돈이 있다는 것은 참으로 유쾌한 일이다.
이래서 '광에서 _____ 난다'라고 하나 보다.
　HINT　사람의 마음, 남의 딱한 처지를 헤아려 알아주고 도와주는 마음.

③ 모로 가도 _____만 가면 된다는 식으로 언제부턴가 공부만 잘하면 효자요,
인재라고 말하는 안타까운 현실이 되었다.
　HINT　한 나라의 중앙 정부가 있는 곳. 대한민국의 수도.

④ 못 먹는 _____ 찔러 보기도 아니고 사지도 못하면서 재 뿌리는 것도 아니면서
왜 그렇게 무례한지 모르겠다.
　HINT　감나무의 열매.

⑤ 나는 바담 풍 해도 너는 _____ 하라는 말을 들을 때마다 속으로
'그건 아니지.'라고 말하곤 했다.
　HINT　한자 '風'을 이름.

⑥ 남의 잔치에 감 놓아라 _____ 놓아라 하지 말고 굿이나 보고 떡이나 먹었으면
좋겠다.
　HINT　배나무의 열매.

툴말 쓰기 정답　① 쓸개　② 인심　③ 서울　④ 감　⑤ 바람 풍　⑥ 배

속담 용례 정답　① 쓸개　② 인심　③ 서울　④ 감　⑤ 바람 풍　⑥ 배

인간의 마음 보따리　61

Chapter 3.

말, 말, 말

가는 말이 고와야 오는 말이 곱다
가루는 칠수록 고와지고 말은 할수록 거칠어진다
같은 말이라도 아 다르고 어 다르다
고기는 씹어야 맛이요, 말은 해야 맛이다
낮말은 새가 듣고 밤말은 쥐가 듣는다
말 한 마디에 천 냥 빚도 갚는다
발 없는 말이 천 리 간다
입은 삐뚤어져도 말은 바로 해라

 ## 말, 말, 말

 말은 사람의 기분을 좋게도 하고 나쁘게도 하지요. 이번 시간에는 말 많은 '말, 말, 말'과 관련된 속담을 배워 봅시다.

READY?

01 가는 말이 고와야 오는 말이 곱다

자기가 남에게 말이나 행동을 좋게 하여야 남도 자기에게 좋게 한다는 말.

비슷한 속담 가는 정이 있어야 오는 정이 있다.

나는 남들에게 말을 밉게 하면서

남이 나에게 잘 대해 주기를 바랄 수는 없겠죠?

그래서 이 속담은 내가 먼저 고운 말을 사용하고 예의를 지켜야 남도 나에게 친절을 베푼다는 의미를 담고 있죠.

나부터 잘하라는 말이네요.

 **말, 말, 말**

READY?

02 가루는 칠수록 고와지고 말은 할수록 거칠어진다

말을 삼가야 한다는 말.

비슷한 속담 말을 많이 하면 장맛도 쓰다

> 가루를 체에 치면 거친 입자를 걸러 내어 고운 가루만 남게 되지만,

> 말은 많이 할수록 거칠어지고 다툼으로까지 번질 수 있어요. 그러니 말을 아껴야겠죠?

> 아껴서 좋은 건 참 많네요.

 ## 말, 말, 말

READY?

03 같은 말이라도 아 다르고 어 다르다

비슷한 말이라도 표현하는 방법에 따라 듣기 좋은 말이 있고, 듣기 싫은 말이 있듯이 말을 가려 하라는 말.

'아'는 양성 모음이고, '어'는 음성 모음이죠. 양성 모음은 발음할 때 밝고 가벼운 느낌이 나고,

음성 모음은 어둡고 무거운 느낌이 나요. 그래서 '아'와 '어'를 비교한 것 같아요.

정말 '같은 말이라도' '아' 다르고 '어' 다르네요.

우리 주위에 보면 같은 말이라도 예쁘게 하는 친구가 있는가 하면 그렇지 않은 친구가 있죠. "왜 이렇게 더러워."라는 말을 들으면 기분이 좋지 않아요. 하지만 "너무 더러운데 우리 같이 치울까?"라는 말을 들으면 미안한 마음에 얼른 주변 청소를 하게 되죠.

배우고 말, 말, 말

READY?

04 고기는 씹어야 맛이요, 말은 해야 맛이다

→ → 해야 할 말이면 시원히 해야 한다는 말.

"가난하게 살던 우리 선조들은 고기 먹을 기회가 많지 않아"

"고기를 먹을 때면 허겁지겁 제대로 씹지도 않고 먹었어요."

"저도 하고 싶은 말을 하고 나면 속이 시원해져요."

"이렇게 먹으니 육즙도 느끼지 못하고 고기의 맛도 제대로 몰랐을 거예요. 그래서 '고기는 씹어야 맛'이라고 한 거죠. 마찬가지로 하고 싶은 말을 속 시원히 하지 못한다면 얼마나 답답하겠어요. 그래서 '고기는 씹어야 맛이요, 말은 해야 맛이다'라고 하는 거죠."

 ## 말, 말, 말

READY? → → →

05 낮말은 새가 듣고 밤말은 쥐가 듣는다

→ → 아무도 안 듣는 데서라도 말조심해야 한다는 뜻으로, 아무리 비밀리에 한 말이라도 반드시 남의 귀에 들어가게 된다는 말.

> 과학적으로 소리는 차가운 쪽으로 휘는 성질이 있어요.

> 그래서 낮에는 차가운 공기가 있는 하늘이 땅보다 소리가 잘 퍼져나가서 새가 잘 들을 수 있죠.

> 반대로 밤에는 땅이 하늘보다 기온이 낮아서 소리가 잘 퍼져나가 쥐가 잘 듣게 되지요. 그러니 이 속담은 밤이고 낮이고 말은 언제나 새어 나가게 마련이니 늘 말조심하라는 뜻이에요. 우리 선조들은 비유를 해도 참 과학적으로 하는 것 같아요.

> 세상에는 비밀이 없다는 말이네요.

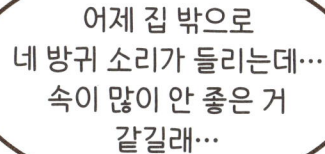

 # 말, 말, 말

READY?

→ → →

06 말 한 마디에 천 냥 빚도 갚는다

→ → 말만 잘하면 어려운 일이나 불가능해 보이는 일도 해결할 수 있다는 말.

'천 냥'은 '매우 많은 돈'을 의미하죠.

이 속담은 말 한마디로 천 냥이나 되는 큰 빚을 갚을 수도 있다는 것이니 그만큼 상대의 기분을 잘 헤아려 말을 하라는 의미예요.

말이 갖고 있는 힘이 얼마나 큰지 알겠어요.

말, 말, 말

•••

READY?

07 발 없는 말이 천 리 간다

말은 한 번 하면 순식간에 퍼지기 때문에 말을 조심해야 한다는 말.

'천 리'는 '아주 먼 거리'를 말해요.

발이 없는 말이 천 리를 간다는 것은 입에서 한 번 내뱉은 말은 달리는 말보다 더 빨리 천 리까지 퍼진다는 뜻이죠. 그러니 입조심, 말조심해야 한다는 거죠.

세상에서 가장 빠른 '말(馬)'은 우리가 하는 '말(言)'이네요.

 # 말, 말, 말

READY?

08 입은 삐뚤어져도 말은 바로 해라

→ → 상황이 어떻든 말은 언제나 똑바르게 해야 함을 이르는 말.

삐뚤어진 입으로라도 말을 바로 해야 하는데, 더욱이 입이 말짱한 사람이 바른말을 못 한다면 안 되겠지요.

그러니 아무리 어려운 상황에 놓인다고 해도 항상 바른말을 해야 한다는 뜻이에요.

정몽주처럼 목숨까지 걸 수는 없지만 남의 눈치 보지 말고 바른말을 해야겠어요.

고려 말 충신 정몽주는 조선의 개국에 함께 하자는 권유를 거절하며 '이 몸이 죽고 죽어 일백 번 고쳐 죽어…….'라는 시조를 남겼어요. 죽어도 고려의 충신으로 남겠다는 의지를 표현한 거죠.

말, 말, 말

다음 가로 길잡이와 세로 길잡이를 읽고, 낱말 퍼즐을 완성해 보세요.

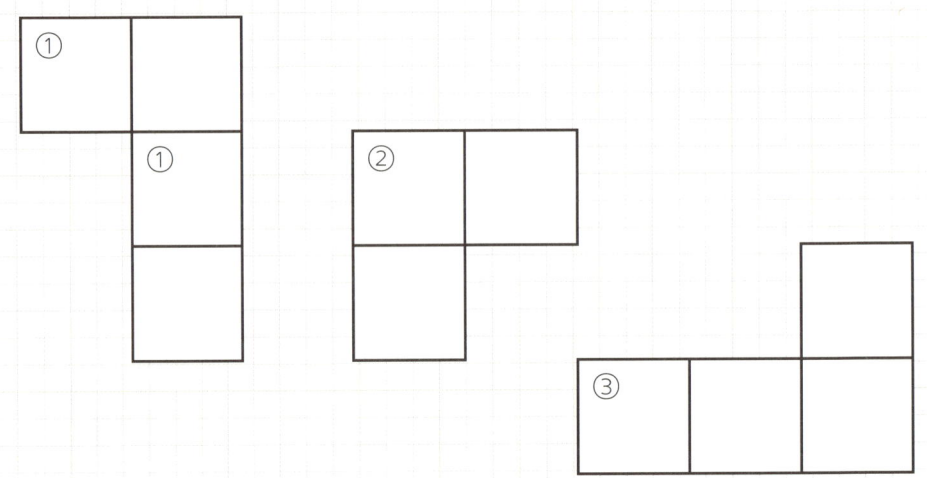

가로 길잡이

① ○○은 새가 듣고 밤말은 쥐가 듣는다
  HINT 낮에 하는 말.
② 발 없는 말이 ○ ○ 간다
  HINT 아주 먼 거리.
③ 같은 말이라도 아 다르고 어 ○○○
  HINT 비교가 되는 두 대상이 서로 같지 아니하다.

세로 길잡이

① ○○는 씹어야 맛이요, 말은 해야 맛이다
  HINT 식용하는 온갖 동물의 살.
② 말 한마디에 ○ ○ 빚도 갚는다.
  HINT 매우 많은 돈.
③ 가는 말이 고와야 오는 말이 ○○
  HINT 모양, 생김새, 행동거지 따위가 산뜻하고 아름답다.

미리떼, 속담! 아라찌?

다음에 사용된 속담의 용례를 보고, 빈칸에 들어갈 낱말을 채워 보세요.

1. _____는 칠수록 고와지고 말은 할수록 거칠어진다더니 선거가 막판으로 갈수록 막말이 판을 치고 있다.
   HINT 딱딱한 물건을 보드라울 정도로 잘게 부수거나 갈아서 만든 것. 분말.

2. ____은 삐뚤어져도 말은 바로 해라
   HINT 입술에서 후두(喉頭)까지의 부분, 음식을 섭취하며 소리를 내는 기관.

음료 필판 정답: 개 ① 두루말 ② 참치 ③ 다르다 ② 고기 ⑤ 드럼다
세개 ① 고기 ② 닭 우 ③ 문다
속담 용례 정답: ① 가루 ② 목

Chapter 4.
삶에 도움이 되는 교훈

가는 방망이, 오는 홍두깨
개구리도 움츠려야 뛴다
구관이 명관이다
구슬이 서 말이라도 꿰어야 보배라
먼 사촌보다 가까운 이웃이 낫다
백지장도 맞들면 낫다
비 온 뒤에 땅이 굳어진다
사공이 많으면 배가 산으로 올라간다
쏘아 놓은 살이요, 엎질러진 물이다
우선 먹기는 곶감이 달다
한 번 실수는 병가지상사
호미로 막을 것을 가래로 막는다

삶에 도움이 되는 교훈

살다 보면 앞으로의 행동이나 생활에 필요한 가르침 같은 것이 필요한 경우가 많이 있죠. 이번에는 '삶에 도움이 되는 교훈'과 관련된 속담을 배워 봅시다.

READY?

01 가는 방망이, 오는 홍두깨

섣불리 남을 해치려다 도리어 큰 화를 입는 것을 두고 하는 말.

비슷한 속담 가는 정이 있어야 오는 정이 있다
가는 말이 고와야 오는 말이 곱다

'방망이'는 무엇을 치거나 두드리는 데 사용하는 도구이고,

'홍두깨'는 다듬이질 할 때나 국수를 밀 때 쓰는 도구죠.

방망이, 홍두깨 모두 무서워요. ㅜㅜ 남을 해치는 일은 하지 말아야겠어요.

'가는 방망이, 오는 홍두깨'는 내가 방망이로 때리면 상대는 홍두깨로 때린다는 것으로, 자기가 한 일보다 더 가혹하게 앙갚음을 당할 수 있다는 뜻이에요. 이처럼 남을 해치려다 더 큰 화를 입게 될 때 '가는 방망이, 오는 홍두깨'라고 하죠.

미리떼, 속담! 아라찌?

배우고 삶에 도움이 되는 교훈

READY? → → →

03 구관이 명관이다

→ → 무슨 일이든 오랜 경험을 쌓은 사람이 낫다는 말.

'구관(舊官)'의 '구'는 '옛 구, 오래 구'고, '관'은 '벼슬 관'이죠.

즉, 구관은 지나간 벼슬아치를 말해요.

무엇보다도 경험이 중요하네요.

같이 일할 때는 모르다가 새로운 사람이 오니 지나간 구관이 훌륭한 명관이었다는 걸 알게 된다는 말이죠. 좀 더 확장하면 경험을 많이 한 사람이 잘한다는 의미예요.

 ## 삶에 도움이 되는 교훈

READY? → → →

04 구슬이 서 말이라도 꿰어야 보배라

→ → 아무리 좋은 것이라도 좋은 솜씨로 정성을 기울여 쓸모 있는 것으로 만들어 놓아야만 가치가 있다는 말.

비슷한 속담 부뚜막의 소금도 집어넣어야 짜다

구슬이 아무리 많아도 그것을 실로 꿰어야 목걸이도 만들고, 팔찌도 만들 수 있는 거죠.

이처럼 구슬이 그냥 구슬로 남느냐, 아니면 장신구인 팔찌나 목걸이가 되느냐는 그것을 만들기 위해 노력을 하느냐 마느냐에 달려 있죠. 그래서 '구슬이 서 말이라도 꿰어야 보배'라고 말하죠.

보배를 만들기 위해서는 많은 노력이 필요해요.

 ## 삶에 도움이 되는 교훈

READY?

05 먼 사촌보다 가까운 이웃이 낫다

남이지만 친하게 지내는 이웃 사람은 서로 도와줄 수 있어 먼 데 사는 친척보다 더 낫다는 말.

'먼 사촌'은 '멀리 사는 사촌'으로

혈연을 중요시하는 우리 선조들의 입장에서 보면 상당히 가까운 친척이죠.

맞아요. 내가 다쳤을 때도 옆 반의 사촌이 아니라 우리 반 친구가 날 보건실에 데려다줬어요.

하지만 내가 위급한 일을 당했을 때 멀리 사는 사촌의 도움을 받기가 쉽지 않죠. 차라리 가까이 사는 이웃에 도움을 청하는 것이 훨씬 빨라요. 그러니 '먼 사촌보다 가까운 이웃이 낫다'라고 말할 수 있어요.

삶에 도움이 되는 교훈

READY?

06 백지장도 맞들면 낫다

아무리 쉬운 일이라도 여럿이 하면 더 쉽다는 말.

비슷한 속담 동냥자루도 마주 벌려야 들어간다

'백지장'은 '흰 종이 한 장',

'맞들다'는 '마주 든다'는 뜻이에요.

책상을 옮길 때 혼자 들고 가는 것보다 친구와 같이 들고 가면 더 편한 것처럼 말이죠.

'백지장도 맞들면 낫다'는 가벼운 종이 한 장도 마주 들면 더 가볍듯이 어떤 일이든 서로 도우면 더 쉬워진다는 의미이죠.

 ## 삶에 도움이 되는 교훈

• • •

READY? → → →

07 비 온 뒤에 땅이 굳어진다

→ → 시련을 겪고 나면 단련이 되어 더욱 단단해진다는 말.

비가 와서 젖은 땅이 마르고 나면 더 단단해지듯,

사람도 힘든 일을 겪고 나면 더 강해져요.

실패를 거울삼아 다시 시작할 때도 '비 온 뒤에 땅이 굳어진다'고 할 수 있겠네요.

힘든 일을 겪고 있는 친구가 있다면 "비 온 뒤에 땅이 굳어진다잖아. 용기 내!"라며 위로의 말을 건네 보세요.

 ## 삶에 도움이 되는 교훈

READY?

08 사공이 많으면 배가 산으로 올라간다

무슨 일을 할 때 간섭하는 사람이 많으면 일이 잘 안 된다는 뜻.

배를 부리는 사공이 많으면 서로 자기가 원하는 방향으로 가려 해서

배가 제대로 앞으로 나아가지 못하고 엉뚱한 방향인 산으로 가게 되죠.

각자 자기주장만 이야기하면 뭘 제대로 할 수가 없겠네요.

이처럼 간섭하는 사람이 많으면 각자 주장만 펼쳐 일이 순조롭게 진행되지 못해요. 여러분도 서로 다른 의견이 많으면 제대로 결정을 못하잖아요. 그럴 때 '사공이 많으면 배가 산으로 올라간다'라고 말하죠.

삶에 도움이 되는 교훈

READY? → → →

11 한 번 실수는 병가지상사

→ → 한 번 정도의 실수는 흔히 있을 수 있는 일이니 크게 탓하거나 나무랄 것이 없음을 일컫는 말.

이 속담에서 '병가(兵家)'는 '전쟁',

'상사(常事)'는 '항상 있는 일'이라는 뜻이죠.

따라서 한 번의 실수는 전쟁(싸움)에서 항상 있을 수 있는 일이니 크게 탓할 것이 아니라는 의미로, 실수는 누구에게나 있다는 것을 말해요.

실패는 성공의 어머니라는 거죠.

 ## 삶에 도움이 되는 교훈

●●●

READY? → → →

12 호미로 막을 것을 가래로 막는다

→ → 적은 힘으로 될 일을 기회를 놓쳐 큰 힘을 들이게 된다는 말.

'호미'와 '가래'는 둘 다 농기구예요.

하지만 크기가 다르죠. 눈치채셨겠지만 호미에 비해 가래가 훨씬 크죠.

뭐든 미루는 건 안 좋은 거네요.

따라서 이 속담은 작은 호미로 충분히 할 수 있는 일을 미루다 큰 가래로 막아야 한다는 것이니 일을 미리 처리하지 않으면 나중에 더 힘들다는 뜻이죠.

익히고 삶에 도움이 되는 교훈

다음 가로 길잡이와 세로 길잡이를 읽고, 낱말 퍼즐을 완성해 보세요.

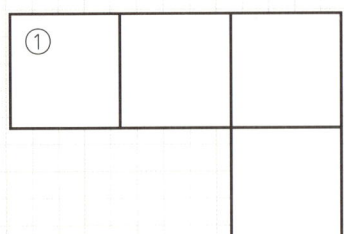 

 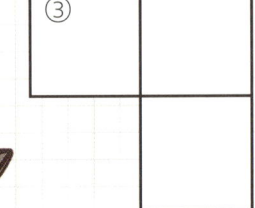

가로 길잡이

① 가는 ㅇㅇㅇ, 오는 홍두깨
   HINT 무엇을 치거나 두드리는 데 사용하는 도구.
② ㅇㅇㅇ도 움츠려야 뛴다
   HINT 양서강 개구리목의 동물을 통틀어 이르는 말.
③ 한 번 실수는 병가지ㅇㅇ
   HINT 항상 있는 일, 常事.

세로 길잡이

① 먼 사촌보다 가까운 ㅇㅇ이 낫다
   HINT 가까이 사는 집, 또는 그런 사람.
② ㅇㅇ이 명관이다
   HINT 지나간 벼슬아치.
③ ㅇㅇ이 많으면 배가 산으로 올라간다
   HINT 배를 부리는 일을 직업으로 하는 사람.

다음에 사용된 속담의 용례를 보고, 빈칸에 들어갈 낱말을 채워 보세요.

1. '쏘아 놓은 ____이요, 엎질러진 물이다.'는 말처럼 이미 일어난 일을 되돌릴 순 없다. 후회하기 전에 미리 대비하고 예방하자.
   HINT 화살을 말함.

2. '비 온 뒤에 ____이 굳어진다'는 말처럼 부상과 부진을 딛고 출전하는 선수들에게 응원이 쏟아지고 있다.
   HINT 강이나 바다와 같이 물이 있는 곳을 제외한 지구의 겉면, 육지.

3. '우선 먹기는 _____이 달다'고 미래의 세계는 아랑곳하지 않고 게으르게 행동해서는 안 된다.
   HINT 껍질을 벗기고 꼬챙이에 꿰어서 말린 감.

속담 활용 정답 해답 ① 살 ② 땅 ③ 곶감
등장 표현 정답 해답 ① 유명인이 ② 개구리 ③ 유사

삶에 도움이 되는 교훈

Chapter 5.

한자 성어와 함께

가재는 게 편이요 초록은 한빛이라
까마귀 날자 배 떨어진다
달걀에도 뼈가 있다
등잔 밑이 어둡다
소 잃고 외양간 고친다
열흘 붉은 꽃이 없다
외손뼉이 못 울고 한 다리로 못 간다
우물 안 개구리
제 논에 물 대기
호랑이 없는 골에 토끼가 왕 노릇 한다

배우고  한자성어와 함께

한자성어는 관용적인 뜻으로 굳어 쓰이는 한자로 된 말이죠. 속담 중에는 이러한 한자성어와 병행하여 쓰이는 경우가 많이 있죠. 이번에는 '한자성어와 함께' 사용되는 속담에 대해서 배워 봅시다.

READY?

→ → →

**01 가재는 게 편이요
초록은 한빛이라**

→ → 모양이나 형편이 비슷한 같은 것끼리 한편이 된다는 말.

[비슷한 사자성어] 유유상종 類類相從

가재와 게는 같은 갑각류이고,

'초록(草綠)'에서 '초'는 풀 초(草)요, '록'은 '초록빛 록(綠)'이에요.

그래서 고모는 아빠 편만 들고, 이모는 엄마 편만 드는구나.

아무래도 뿌리가 같으면 한편이 될 수밖에 없어요. 대한민국과 일본이 경기할 때 대한민국 국민 모두 한마음이 되어 우리나라를 응원하듯이 말이죠.

한자성어와 함께

 **한자성어와 함께**

READY?

02 까마귀 날자 배 떨어진다

아무 관계없이 한 일이 공교롭게도 때를 같이 하여 다른 일이 생겨 억울하게도 무슨 관계가 있는 것처럼 의심을 받게 된다는 말.

비슷한 사자성어 오비이락 烏飛梨落

비슷한 속담 오얏나무 아래에서 갓끈을 고쳐 매지 말고 외밭에서 신발 고쳐 신지 마라

까마귀의 날갯짓에 배가 떨어질 수도 있겠지만, 그럴 확률은 희박하죠.

이처럼 '까마귀 날자 배 떨어진다'는 인과 관계가 분명하지 않지만 어떤 일이 동시에 일어나서 의심받게 될 때 사용되는 속담이죠.

아예 의심받을 행동은 생각지도 말아야겠네요.

 # 배우고 한자성어와 함께

READY?

03 달걀에도 뼈가 있다

운수가 나쁜 사람은 모처럼 좋은 기회를 만나도 일이 꼬여 잘 안 풀린다는 말.

비슷한 사자성어 계란유골 鷄卵有骨

'달걀에도 뼈가 있다'라는 말은 원래 '달걀이 곯아 있다'는 뜻이에요.

'골(骨)'은 '곯다'의 음을 따서 쓴 거죠.

정말 운이 없는 거네요.

달걀이 곯아 있으면 먹을 수 없으니 이런 달걀을 고른 사람은 운수가 없는 거죠. 예를 들면 "달걀에도 뼈가 있다더니 난 왜 이렇게 운이 없지?"라고 말할 수 있어요. 물론 여러분에게는 해당되지 않겠지만요.

 ## 한자성어와 함께

READY?

04 등잔 밑이 어둡다

잘 알고 있을 법한 가까운 일을 모르고 있다는 말.

비슷한 사자성어 등하불명 燈下不明

'등잔'은 옛날에 기름을 담아 불을 켜기 위해 쓰던 도구였죠.

그런데 등잔의 바로 아래는 등잔으로 인해 그림자가 생겨서 오히려 어두워요.

맞아요. 수업 시간에도 맨 앞에 앉아서 졸면 선생님이 잘 모르시더라고요.

그러니 등잔 밑에서 뭔가를 잃어버렸다면 찾기가 어렵겠죠. 그래서 '등잔 밑이 어둡다'는 가까이에 있는 것을 오히려 알아보지 못할 때 사용하는 말이죠.

배우고 한자성어와 함께

READY? → → →

06 열흘 붉은 꽃이 없다

→ → 열흘 동안 붉은 꽃이 없듯, 사람의 권세나 영화는 모두 일시적인 것으로 오래가지 못한다는 말.

비슷한 한자성어 화무십일홍 花無十一紅

이 속담은 붉게(예쁘게) 피어있는 꽃도 열흘을 넘지 못한다는

자연의 이치를 통해 세상의 권세도 오래가지 못한다는 것을 의미하죠. 그래서 '십 년 세도 없고, 열흘 붉은 꽃도 없다'라고 말하기도 해요.

단 열흘이라도 권력을 잡고 싶네요. ㅜㅜ

 ## 한자성어와 함께

● ● ●

READY? → → →

07 외손뼉이 못 울고 한 다리로 못 간다

→ → 두 손뼉이 마주쳐야 소리가 나는 것처럼 힘을 합쳐서 할 것은 혼자서는 못한다는 말.

비슷한 사자성어 **고장난명** 孤掌難鳴

'외손뼉'은 '손뼉을 치는 두 손바닥 가운데 한쪽 손바닥'을 말하죠.

한쪽 손바닥으로는 소리를 낼 수 없고, 한 다리로도 걸을 수 없죠. 이처럼 혼자의 힘만으로는 어떤 일을 이루기 어려울 때 사용하는 속담이죠.

그래서 엄마는 동생이랑 싸우면 둘 다 혼낸 거였네요.

 # 한자성어와 함께

READY?

08 우물 안 개구리

견문이 좁아 넓은 세상의 사정을 모름을 의미하는 말.

비슷한 사자성어   정저지와 井底之蛙

우물 안에서만 사는 개구리는 하늘의 넓이나 물의 깊이를

우물만큼의 넓이와 깊이로 이해해서 우물 밖 세상을 알 수가 없죠.

학원가기 싫어서가 아니라 더 넓은 세상에서 공부하기 위해 유학 가겠다고 하면 보내 주시겠지.

이처럼 경험이 적어서 보고 들은 게 별로 없거나, 저만 잘난 줄 알고 주변에 관심을 두지 않는 사람을 두고 '우물 안 개구리'라고 해요.

 ## 한자성어와 함께

READY?

09 제 논에 물 대기

자기의 이익만 생각한다는 말.

비슷한 사자성어 아전인수 我田引水

농경 문화에서는 물이 없으면 농사를 제대로 지을 수 없었어요.

가뭄이 들면 왕이 직접 기우제를 지낼 정도였으니 물은 사람이 살아가는 데 참으로 소중한 것이었죠.

놀부만큼 이기적인 인간이네요.

'제 논에 물 대기'는 다른 논은 물을 대지 못해 곡식이 영글지 못해도 내 논만 괜찮으면 된다는 인간의 고약한 심보를 드러낸 속담이죠.

 ## 한자성어와 함께

READY?

10. 호랑이 없는 골에 토끼가 왕 노릇 한다

잘 나고 힘이 있는 사람이 없는 곳에서는 못나고 보잘것없는 사람이 잘난 체하며 기세를 부린다는 말.

비슷한 사자성어 호가호위 狐假虎威

> 호랑이는 산속 맹수의 왕으로 모든 동물을 잡아먹을 수 있는 힘이 있어요.

> 꾀 많은 토끼가 호랑이의 이런 위세를 빌려

> 자신이 산속의 왕인 것처럼 행동한다고 해서 '호랑이 없는 골에 토끼가 왕 노릇 한다'라고 하죠. 대통령의 친척임을 내세워서 이익을 챙기려는 사람이 있다면 이런 속담으로 비판할 수 있겠죠.

> 내가 세력을 만들어야지, 남의 세력을 빌리면 안 되죠.

익히고 한자성어와 함께

다음 가로 길잡이와 세로 길잡이를 읽고, 낱말 퍼즐을 완성해 보세요.

가로 길잡이

① ○○○○ 못 울고, 한 다리로 못 간다.
  HINT 손뼉을 치는 두 손바닥 가운데 한쪽 손바닥이.
② ○○ 안 개구리
  HINT 물을 긷기 위하여 땅을 파서 지하수를 괴게 한 곳. 또는 그런 시설.
③ 등잔 밑이 ○○○
  HINT 빛이 없어 밝지 아니하다.
④ 소 잃고 ○○○ 고친다
  HINT 말이나 소를 기르는 곳.

세로 길잡이

① ○○○ 없는 곳에서 토끼가 왕 노릇 한다
  HINT 고양잇과의 포유류. 몹시 사납고 무서운 사람을 비유적으로 이르는 말.
② 제 논에 ○ ○○
  HINT 농사를 짓는 데에 필요한 물을 논밭에 댐.
③ 콩 심은 데 콩 나고 팥 심은 데 ○ ○○
  HINT 팥이 나온다.
④ 가재는 게 ○이요 초록은 한빛이라
  HINT 어떤 부류에 속함을 이르는 말.

다음에 사용된 속담의 용례를 보고, 빈칸에 들어갈 낱말을 채워 보세요.

1. _____ 날자 배 떨어진다고 하필 내 앞에서 아이가 우는 바람에 사람들은 내가 아이를 울린 것으로 오해했다.
   HINT 까마귀과의 새를 통틀어 이르는 말.

2. _____에도 뼈가 있다더니 운이 나쁜 건 어쩔 수가 없네요.
   HINT 닭이 낳은 알. 계란.

3. 열흘 _____이 없다더니 그렇게 예쁘고 만인의 사랑을 받던 배우도 세월 앞에서는 속수무책이다.
   HINT 붉게 핀 꽃. 이 속담에서는 전성기의 의미.

속담 용례 정답
① 까마귀 ② 달걀 ③ 붉은 꽃

한자 과제 정답
해) ① 후안무치 ② 돌다리 ③ 대기 ④ 편
가) ① 인과응보 ② 욕심 ③ 아몬드 ④ 고양이

Chapter 6.
멍멍이와 함께

개같이 벌어서 정승같이 쓴다
개 꼬리 삼 년 두어도 황모 되지 않는다
개똥도 약에 쓰려면 없다
개똥밭에 굴러도 이승이 낫다
개 머루 먹듯
개 발에 편자
개와 원숭이 사이다
겨 묻은 개가 똥 묻은 개 나무란다
길러 준 개 주인 문다
닭 쫓던 개 지붕 쳐다보듯
서당 개 삼 년이면 풍월을 읊는다
정승이 죽으면 문상객이 없어도
정승 댁 개가 죽으면 문상하러 오는 사람이 있다
제 버릇 개 줄까
하룻강아지 범 무서운 줄 모른다

배우고 — 멍멍이와 함께

 예로부터 개는 인간과 친숙한 동물이죠. 집을 지키기도 하고, 사냥을 하기도 했죠. 지금도 개는 반려동물로 우리와 함께하며 감정을 나누고 있어요. 이번에는 인간과 아주 가까운 '멍멍이'와 관련된 속담을 배워 봅시다.

READY?

01 개같이 벌어서 정승같이 쓴다

→ → 돈을 벌 때는 궂은일을 하면서 벌고 쓸 때는 떳떳하고 보람 있게 쓴다는 말.

이 속담은 개가 밥을 얻어먹기 위해 발길질을 당해도 꼬리를 치듯이

돈을 열심히 벌어서 높은 벼슬인 정승처럼 우아하게 쓰라는 의미예요.

저도 오늘부터 폐휴지 모을래요.

폐휴지와 빈 병을 팔아 평생 힘들게 모은 돈을 장학금으로 내놓으신 할머니야말로 열심히 벌어서 정승같이 쓰신 거죠.

 ## 멍멍이와 함께

READY? → → →

02 개 꼬리 삼 년 두어도 황모 되지 않는다

→ → 본시 바탕이 나쁜 것은 아무리 오래 두어도 좋아지지 않는다는 말.

- '황모(黃毛)'는 '누런색의 털' 즉, 족제비 꼬리털을 말해요.

- 황모로 만든 붓인 황모필은 중국에서도 탐내는 명품 붓이었죠.

- 저는 본성이 착하니 곧 좋아질 거예요.

- 명품 황모필을 만들기 위해서는 좋은 재료인 황모가 있어야 해요. 하지만 개 꼬리 털은 아무리 오래 묻어 두어도 황모가 될 수 없죠. 따라서 이 속담은 본성은 변하지 않는다는 의미로 사용되죠.

배우고 멍멍이와 함께

READY?

03 개똥도 약에 쓰려면 없다

흔한 것이라도 정작 필요해서 찾으면 없다는 말.

《동의보감》에 보면 개똥은 종기나 배 속의 덩어리를 치료하는 데 효과가 있다고 해요.

옛날부터 개는 아무 곳에서나 똥을 누니 길 가다가 밟히는 게 개똥이었죠.

나만 쫓아다니던 내 동생도 심부름시키려고 찾으면 아무리 찾아도 없어요.

이 속담은 길에 널린 개똥도 막상 약에 쓰려니 없다는 것으로, 아무리 흔한 것이라도 정작 필요할 때 찾으면 없다는 말이에요.

배우고 멍멍이와 함께

READY?

04 개똥밭에 굴러도 이승이 낫다

아무리 천하고 고생스럽게 살더라도 죽는 것보다는 사는 것이 낫다는 말.

'개똥밭'은 '천하고 고생스러운 이승'을 비유한 말이에요.

이렇듯 이 속담은 죽는 것보다는 힘들더라도 사는 것이 낫다는 의미를 담고 있죠.

"나 힘들어 죽고 싶어"라고 말하는 친구가 있다면 "개똥밭에 굴러도 이승이 나은 거야. 힘내!"라고 말하며 위로해 주세요.

'개똥밭에 굴러도 이승이 낫다' 자살 방지 캠페인 문구로 딱이네요.

배우고  멍멍이와 함께

READY?

05 개 머루 먹듯

무슨 일이나 그 내용을 잘 모르고 겉만 슬쩍 보며 건성으로 아는 체한다는 말.

> 개가 머루를 먹기는 하지만 겉만 핥기 때문에 머루의 참맛을 몰라요.

> 이처럼 뜻도 모르면서 대충 아는 체하거나 건성으로 일하는 경우를 두고 '개 머루 먹듯 한다'라고 말하죠.

> 저는 머루를 그냥 씹어 먹을 거예요. 제대로 맛을 알기 위해서.

144　미리떼, 속담! 아라찌?

멍멍이와 함께

• • •

READY? → → →

07 개와 원숭이 사이다

→ → 개와 원숭이처럼 사이가 몹시 어색하고 안 좋은 상태를 이르는 말.

비슷한 사자성어 견원지간 犬猿之間

'개와 원숭이 사이'는 좋지 않은 사이를 말하는데,

실제로 개와 원숭이의 사이가 나쁜지는 알 수가 없어요.

'개와 원숭이 사이'는 나와 내 동생 사이와 같아요.

다만 《서유기》에 보면 이랑진군이라는 자가 손오공을 잡기 위해 개들을 풀어 손오공의 부하 원숭이들을 공격했다는 이야기가 나와요. 아마 이 이야기에서 유래한 말인 것 같아요.

배우고 멍멍이와 함께

READY?

08 겨 묻은 개가 똥 묻은 개 나무란다

→ → 자신의 결함은 생각지도 않고 남의 약점만 캐는 태도를 의미하는 말.

'겨'는 '곡물의 껍질'이에요.

겨 묻은 개는 지저분할 수밖에 없죠.

그런 개가 똥 묻은 개에게 지저분하다고 나무라는 격이니 결국 자기 잘못은 보지 못하고 남의 잘못만 보는 거죠.

자기가 잘못하고 큰소리치는 거랑 비슷한 거네요.

배우고 멍멍이와 함께

READY?

10. 닭 쫓던 개 지붕 쳐다보듯

→ → 애써 하던 일이 실패하여 어찌할 수가 없다는 말.

닭을 쫓던 개가 닭이 지붕으로 올라가 버리자

날개 없는 개는 더 이상 닭을 쫓을 수 없어 지붕만 쳐다본다는 것이죠.

열심히 공부했지만 답을 밀려 써서 시험을 망친 적이 있는데, 그럴 때 사용할 수 있는 속담이네요. 하지만 이 속담은 사용하기 싫어요.

이처럼 이 속담은 하고자 하던 일이 실패로 끝나 어찌할 도리가 없음을 의미하죠.

 ## 멍멍이와 함께

● ● ●

READY? → → →

11. 서당 개 삼 년이면 풍월을 읊는다

→ → 어떤 분야에 대해서 지식과 경험이 전혀 없는 사람이라도 그곳에 오래 있으면 지식과 경험을 얻게 된다는 말.

'서당'은 옛날에 학생들이 글을 배우던 곳이고,

'풍월(風月)'은 '바람과 달' 즉 자연을 의미하죠.

맞아요. 철수가 똑똑해진 건 바로 나 때문이었어요.

글을 모르는 개도 서당에서 삼 년 지내다 보면 자연스럽게 자연을 노래하는 시 한 수 정도는 외울 수 있는 것처럼 이 속담은 무식한 사람도 유식한 사람과 오래 같이 지내다 보면 똑똑해진다는 말이에요.

배우고 — 멍멍이와 함께

READY?

12. 정승이 죽으면 문상객이 없어도 정승 댁 개가 죽으면 문상하러 오는 사람이 있다

→ → 필요할 때만 찾거나 권력을 좇는 세태를 풍자한 말.

'정승'은 조선의 관직이죠. 권력을 지닌 정승이 아끼는 개가 죽으면,

정승의 환심을 사기 위해 많은 사람이 문상하러 가지만,

권력이란 정말 대단하군요.

정승의 죽음은 곧 권력이 사라졌음을 의미하므로 사람들이 외면을 하는 거죠. 이처럼 세상인심이 자기에게 이로운 데로만 움직일 때 '정승이 죽으면 문상객이 없어도 정승 댁 개가 죽으면 문상하러 오는 사람이 있다'라고 말하죠.

배우고 멍멍이와 함께

READY? → → →

13 제 버릇 개 줄까

→ → 평생 들인 나쁜 버릇은 쉽게 고치기가 어렵다는 말.

옛날에도 개는 인간과 친숙한 동물이었나 봐요. 그래서 많은 속담에 개가 등장하잖아요.

'제 버릇 개 줄까'는 나쁜 버릇을 개에게라도 주어서 없애고 싶지만, 그럴 수 없다는 것을 의미하죠.

맞아요. 나쁜 것들이 더 독해서 고치기 힘들죠. 하지만 난 나쁜 버릇 싹 고칠 거예요.

이미 몸에 밴 버릇은 고치기 힘들어요. 여러분도 아침에 늦잠 자는 버릇, 공부할 때 딴짓하는 버릇 많이 지적받았죠? 하지만 고치기 쉽지 않을 거예요. 이럴 때 '제 버릇 개 줄까'라고 말하죠.

멍멍이와 함께

🟢🟠🟡

READY? → → →

14. 하룻강아지 범 무서운 줄 모른다

→ → 철모르고 아무에게나 함부로 힘을 쓰면서 덤비는 사람을 두고 하는 말.

'하룻강아지'는 원래 '하릅강아지'로, '한 살배기 어린 강아지'를 뜻하는 말이죠.

'범'은 '호랑이'를 말하고요.

제 동생도 하룻강아지 범 무서운 줄 모르고 저에게 덤벼요.

이 속담은 호랑이를 한 번도 본 적 없는 어린 강아지가 호랑이를 보고도 무서운 줄 모르고 짖어댄다는 것으로, 분수도 모르고 겁도 없이 덤벼든다는 뜻이에요.

익히고 멍멍이와 함께

다음 가로 길잡이와 세로 길잡이를 읽고, 낱말 퍼즐을 완성해 보세요. → → →

가로 길잡이

① ㅇ ㅇㅇ 삼 년 두어도 황모 되지 않는다
  HINT 개의 꼬리.
② 개와 ㅇㅇㅇ 사이다
  HINT 구세계원숭잇과와 신세계원숭잇과의 짐승을 통틀어 이르는 말.
③ ㅇ ㅇ에 편자
  HINT 개의 발.
④ 겨 묻은 개가 ㅇ ㅇㅇ ㅇ 나무란다
  HINT 똥을 묻힌 개.
⑤ ㅇㅇㅇㅇㅇ 범 무서운 줄 모른다
  HINT 난 지 얼마 안 되는 어린 강아지.

세로 길잡이

① ㅇㅇ도 약에 쓰려면 없다
  HINT 개의 똥.
② 개똥 밭에 굴러도 ㅇㅇ이 낫다.
  HINT 지금 살고 있는 세상.
③ ㅇ ㅇㅇ 먹듯
  HINT 개와 머루. 머루는 포도과의 낙엽 활엽 덩굴나무.
④ 길러 준 ㅇ ㅇㅇ 문다
  HINT 개와 주인.
⑤ 닭 쫓던 개 ㅇㅇ 쳐다 본다
  HINT 집의 맨 꼭대기 부분을 덮어 씌우는 덮개.

다음에 사용된 속담의 용례를 보고, 빈칸에 들어갈 낱말을 채워 보세요.

1 개같이 벌어서 _____같이 쓰라고 했던가? 환경미화원으로 열심히 번 돈을 장학금으로 기부하려고 해요.
  HINT 영의정, 좌의정, 우의정을 통틀어 이르는 말.

2 제 _____ 개 줄까? 너처럼 거짓말 잘하는 놈과 상대를 하다니 내가 미쳤지?
  HINT 사람이 무의식 중에 습관으로 하는 행동.

속담 용례 정답   ① 정승 ② 버릇

낱말 퍼즐 정답   가로 ① 개 꼬리 ② 원숭이 ③ 개 발 ④ 똥 묻은 개 ⑤ 하룻강아지
세로 ① 개똥 ② 이승 ③ 개 머루 ④ 개 주인 ⑤ 지붕

멍멍이와 함께   165

NOTE → → →

미리떼, 속담! 아라찌? (어휘력 짱)	초판 1쇄 발행 2022년 10월 10일 초판 2쇄 발행 2023년 3월 3일	글 김경남 일러스트 Terapin · 임유영	펴낸이 백영희
펴낸곳 ㈜너와숲	주소 04032 서울시 금천구 가산디지털1로 225 에이스가산포휴 204호	전화 02-2039-9269	팩스 02-2039-9263
등록 2021년 10월 1일 제2021-000079호	ISBN 979-11-92509-13-6(세트) 979-11-92509-14-3(73710)	정가 13,000원	ⓒ김경남 · Terapin · 임유영 2022
이 책을 만든 사람들	교정 유승현 홍보 박연주	마케팅 배한일 제작처 예림인쇄	디자인 글자와기록사이

· 이 책의 판권은 지은이와 (주)너와숲에 있습니다.
· 이 책의 일부 또는 전부를 재사용하려면 반드시 양측의 서면 동의를 받아야 합니다.
· 잘못된 책은 구입하신 서점에서 교환해드립니다.